BEI GRIN MACHT SICH IHR WISSEN BEZAHLT

- Wir veröffentlichen Ihre Hausarbeit, Bachelor- und Masterarbeit

- Ihr eigenes eBook und Buch - weltweit in allen wichtigen Shops

- Verdienen Sie an jedem Verkauf

Jetzt bei www.GRIN.com hochladen und kostenlos publizieren

GRIN

Silvia Gulisova

Wer hat Angst vor der englischen Sprache?

Das unaufhaltsame Vordringen des Englischen im deutschsprachigen Raum

GRIN Verlag

Bibliografische Information der Deutschen Nationalbibliothek:

Die Deutsche Bibliothek verzeichnet diese Publikation in der Deutschen National-
bibliografie; detaillierte bibliografische Daten sind im Internet über http://dnb.d-
nb.de/ abrufbar.

Impressum:

Copyright © 2013 GRIN Verlag GmbH
Druck und Bindung: Books on Demand GmbH, Norderstedt Germany
ISBN: 978-3-656-36520-4

Dieses Buch bei GRIN:

http://www.grin.com/de/e-book/208925/wer-hat-angst-vor-der-englischen-sprache

GRIN - Your knowledge has value

Der GRIN Verlag publiziert seit 1998 wissenschaftliche Arbeiten von Studenten, Hochschullehrern und anderen Akademikern als eBook und gedrucktes Buch. Die Verlagswebsite www.grin.com ist die ideale Plattform zur Veröffentlichung von Hausarbeiten, Abschlussarbeiten, wissenschaftlichen Aufsätzen, Dissertationen und Fachbüchern.

Besuchen Sie uns im Internet:

http://www.grin.com/

http://www.facebook.com/grincom

http://www.twitter.com/grin_com

Universität der hl. Cyril und Methodius
Philosophische Fakultät
Lehrstuhl für Germanistik

Titel: Wer hat Angst vor der englischen Sprache?
Untertitel: Das unaufhaltsame Vordringen des Englischen im deutschsprachigen Raum

Die Sprachkultur und Sprachepflege   :
Mgr.   Silvia Gulišová
Jahrgang:2012/2013

Inhaltsverzeichnis:

1 Einleitung 2

2 Was sind Anglizismen? 3

   2.1. Unterschied zwischen ein Anglizismus und denglische Sprache 4

3 Einwanderung derAnglizismen in der deutschen Sprache 4

   3.1. Anglizismen in einzelnen Bereichen des Lebens 6

   3.2. Deutsch vs. Englisch : Unterschiede 7

4 Pseudoanglizismen und „false friends" 8

5 Englisch als „lingua franca" und Europäische Union 9

6 Probleme die Englisch bereiten kann 10

7 Wer hat Angst von der Englischen? 11

   7.1. Wa wird gegen Amerikanisierung der Wortschatz unternommen? 12

8 Zusammnefassung 16

9 LITERATURVERZEICHNIS 18

1. Einleitung

Wenn man sich heutzutage nur so bloß herumschaut, könnte sich diesmal nicht die Feststellung über die Amerikanisierung der Gesellschaft verzeihen. Die Welt wird immer mehr „mcdonaldisiert und kokakolisiert". Es sind Versuche, die amerikanischen Traditionen und Sitten zu kopieren und in den anderen Landkulturen zu übernehmen. Amerikanisierung vollzieht sich nach Auffassung von Philipp Gassert unabhängig von den Epochen der politischen und politisch-ideologischen Entwicklungen in den Staatenbeziehungen. Sie ist eng an den faktisch gegebenen Status der USA als Weltmacht und an die damit zusammenhängende Dynamik der Gesellschaft gebunden. Eine solche Nachbildung ist auch im Bereich der Sprache wahrzunehmen. Überall wo man hingeht, stoß man an Englisch. Im Geschäft, im Beruf, im Internet oder gleich bei der zwischenmenschlichen Kommunikation.

Die deutsche Sprache, ganz genau wie alle anderen lebenden Sprachen, ist einem ständigen Wandel unterzogen. Wirtschaftlichen, politischen und kulturellen Kontakten zwischen den Menschen, Völkern und verschiedenen Gruppen von Nationen führen zu einer Berührung einer Sprache zu der anderen. Das nennen wir Sprachkontakt. Der Kontakt von unterschiedlichen Sprachen und Sprachgemeinschaften ermöglicht den Einfluss einer Sprache auf die andere. Veränderungen in der deutschen Sprache (z. B.: der Gebrauch der Fremdwörter) waren in der Vergangenheit (das dauert auch bis heute) ein Anlass heftiger Auseinandersetzungen. So ist es in heutiger Zeit der Gebrauch von Anglizismen in der deutschen Sprache immer noch ein zentrales Thema.

Wir stählen unseren Körper mit „body shaping", streichen ihn mit „Shea butter". Wir schicken ein SMS, schreiben ein E-mail. Die Jungen möchten „cool" und „in" sein. Wir kleiden uns in „outdoor jackets, tops" oder „beach wear". Wir schmieren uns „anti-ageing-Creme" ins Gesicht oder sprühen „styling" ins Haar. Bei der Bahn kaufen wir „tickets" und in Fast Food essen wir Hamburgers oder Hot-dogs usw. Das ist nur eine kleine Auswahl aus der Menge von Anglizismen die deutsche Sprache überflutet haben und heutzutage schon automatisch ohne nachzudenken, als ein gleichwertiger Bestandteil der menschlichen Kommunikation verwendet werden. Die deutsche Sprache wird seit Jahren von einer Unzahl unnötiger und unschöner englischer Ausdrücke überflutet. Aus diesem Grund entsteht auch eine kritische, oft polemisierende Bezeichnung für deutsche Sprachformen mit hohem englischem Anteil, die sog. denglische Sprache oder Denglisch. Zum Teil ist dieses *Denglisch* eine Sache der „bloßen Mode". Englisch wirkt modern, halt so trendy, snappy, sexy, wie es Deutsch selbst dann nicht könnte, wenn es wollte" (Zimmer, S.49).

Diese Anglisierung der deutschen Sprache hängt mit der weltweiten Ausbreitung des Amerikanischen „Way of Life" zusammen, hinter dem die politische und wirtschaftliche Macht der USA steht und durch den sich die Lebensformen vieler Länder und deren Sprachen verändert haben. Das gilt also auch für Deutschland.

Heutzutage sind die Deutschen Zeugen einer großen Zuflucht von Anglizismen nicht nur im wirtschaftlichen und politischen Bereich, sondern auch im Bereich der Pressewesen, Technologien oder Jugendsprache. Die aktuelle gesellschaftliche Situation fordert verschiedene Benennungen für die neuen entstandenen Fakten und Sachen und diese werden vor allem aus der englischen Sprache übernommen. Diese neuen Bezeichnungen werden nicht nur zwischen Fachmänner verwendet, diese dringen auch im Alltagskommunikation, öffentliche Rede und Manifestationen durch, das geschieht vor allem mittels Medien – Fernsehen, Rundfunk und Presse. Die Verwendung von fachlichen Termini, vor allem Internationalismen ist in Bezug auf ökonomische und kulturelle Integration unerlässlich. Diese leisten einen wesentlichen Beitrag zur Qualität der internationalen Kommunikation, aber auch zur Entwicklung des deutschen Wortguts. Eine andere Sache ist aber dann die vergebliche, nicht funktionale Verwendung von einem Anglizismus, wenn die deutsche Sprache ein eigenes, übliches Begriff für jene oder solche Sache in der Heimatkultur hat und auch Trotz das ein Anglizismus gebraucht wird.

2. Was sind eigentlich Anglizismen?

In der Literatur finden wir mehrere Definitionen von dem Wort „Anglizismus".

Laut DUDEN Bedeutungswörterbuch heißt es eine Übertragung einer für (das britische, amerikanische) Englisch charakteristischen sprachlichen Erscheinung auf eine nicht englische Sprache. Busse stellt eine Definition vor, welche bereits von Zindler aufgestellt wurde: „Ein Anglizismus ist ein Wort aus dem britischen oder amerikanischen Englisch im Deutschen oder eine nicht übliche Wortkomposition, jede Art der Verwendung (Lehnbedeutung, Lehnübertragung, Lehnübersetzung, Lehnschöpfung, Wiederbelebung, Frequenzsteigerung) nach britischem oder amerikanischem Vorbild" (Busse, S.15).

Wir können einfach sagen, dass es sich bei einem Anglizismus um ein Wort handelt, das aus der englischen Sprache in den Wortschatz einer anderen Sprache eingegangen ist. Anglizismen sind Entlehnungen aus allen Varietäten des Englischen (amerikanische English, britische English, Black-English und Jamaican English). Mit dem Begriff Anglizismus werden also solche Wörter, Formulierungen oder Satzkonstruktionen bezeichnet, die aus dem Englischen ins Deutsche (oder anderen Sprachen) übernommen wurden. Auch die Wörter, die aus der amerikanischen Variante der englischen Sprache entlehnt wurden gelten als Anglizismen, beziehungsweise als Amerikanismen. Die Entlehnung der Wörter ist immer mit gewissen gesellschaftlichen Veränderungen verbunden, dazu gehören zum Beispiel die Kriegsführung, Handelsbeziehungen oder allgemeine wissenschaftliche Entwicklung. (mehr zu den Ursachen der Entlehnungen vgl. Kapitel 3).

Der Begriff Amerikanismus wird oft mit dem Anglizismen verwechselt oder dem gleichgestellt. Das Hauptproblem, das bei dem Unterschied dieser zwei Begriffe entsteht ist die Tatsache, dass auch die englische Sprache nach dem Zweiten Weltkrieg genauso stark von der amerikanischen Variante der englischen Sprache beeinflusst wurde, wie auch viele andere europäische Sprachen.

Aus diesem Grund können die hier genannten Definitionen allerdings nicht als vollständige angesehen werden.

Wenliang Yang differenziert den Begriff Anglizismus und den folgenden drei Kategorien:

1. Konventionalisierte Anglizismen – diese werden nicht mehr als Fremdwörter betrachtet, sind allgemein bekannt. (Computer, Manager, Jeans, Sex).

2. Anglizismen im Konventionalisierungsprozess – diese sind in der deutschen Sprache noch fremd, werden aber schon verwendet, entweder werden sie in die Sprache aufgenommen, oder sie verschwinden wieder. (Factory, Gay, Underdog).

3. Eigenamen, Titel, Slogan, Zitate – auf englischsprachigen Raum bezogen, erstellt Zusammenhang (High-school, Highway, US-Army). Außerdem berücksichtigt er in seiner Definition auch andere englischsprachige Länder (Yang, S.9).

2.1 Unterschied zwischen Anglizismus und denglische Sprache

Hier ist es wichtig hinzudeuten, dass die Begriffe Anglizismus und Denglisch nicht das gleiche Denotat der außersprachlichen Wirklichkeit bezeichnen, obwohl es so scheinen könnte. Anglizismus ist ein, aus dem Englischen stammende Fremdwörter (zumeist Substantiv oder substantivierte Verb: Computer, Laptop, E-mail), eine Phrase (z. B. „Liebe machen" von to make love) oder Formen. Der Begriff „Anglizismus" ist wertneutral. (Carstensen, Busse: 2001).

Was ein Anglizismus ist, kann durch objektiv feststellbare Kriterien bestimmt werden. Dagegen von einem „Denglisch" sprechen wir dann, wenn nicht nur Substantive, sondern auch englische Verben und Adjektive in die deutsche Sprache übernommen werden. Das Wort „Denglisch" ist eine Zusammensetzung aus Wörtern „Deutsch" und „Englisch". Der Begriff „Denglisch " hat einen wertenden Charakter. Es ist ein Begriff der Sprachkritik und in der Umgangsprache wird vor allem pejorativ benutzt. Was ein Denglisch ist und umfasst, ist nicht nach objektiven und wissenschaftlichen Kriterien bestimmbar, sondern folgt aus einer subjektiven Einschätzung dessen, der ein Sprachphänomen als „Denglisch" bezeichnet. Es ist aber eine Form des Deutschen unter dem starken englischen Einfluss.

Z.B.: Man kann viele Teile der collection miteinanader combinen .

3. Einwanderung der Anglizismen in der deutsche Sprache

In der Erforschung der deutschen Sprachgeschichte ist der Entlehnung von Wörtern und Wortinhalten aus anderen Sprachen immer eine besondere Aufmerksamkeit gewidmet worden, weil die Entstehung und Entwicklung einer europäischen Kultursprache zum großen Teil auf zwischensprachlichen Beziehungen beruht. Nachdem der deutsche Wortschatz im 17. Und 18. Jahrhundert insbesondere durch Entlehnungen auf Latein, Französisch und Italienisch bereichert worden war, traten Entlehnungen aus dem Englischen. Seit der Englischen Revolution (1649) hat die Interesse für England im absolutistischen Deutschland erwachen. Das betrifft vor allem die freiheitliches politisches System, eine zukunftsweisende Philosophie, originelle Literatur und auch erfolgreiches Handels- und Manufakturwesen. Die deutsch-englische Sprachkontakten wurden seit den 1680er Jahren wahrnehmbar. Ursache für diesen Wandel war nicht nur die Englische Revolution von 1649, die im absolutistisch regierten Deutschland auf reges Interesse stoß, aber auch Übersetzungen aus dem Englischen und nicht zuletzt die Anfänge englischen Sprachunterrichts an einigen Universitäten. (vgl. Schröder 1969, S.20) Englands herausragende Stellung als Industrie- und Handelsmacht im 17. Jahrhundert brachte die Entlehnungen von Sachen und dazugehörigen Wörter mit sich, wodurch sich der deutsche Wortschatz um Begriffe wie Trust, Partner Lokomotive, Essay und Reporter erweiterte. Die englischen Sprachkenntnisse waren aber in Deutschland bis um die Mitte des 18.Jh. noch so selten und mangelhaft, das man Englisch in dieser Zeit nur als sehr mühsam erworbene Sprache bezeichnen kann. (Fabian 1985).

5

Die englischen Autoren wurden bis Mitte des 18. Jh meist nur in lat. oder franz. Übersetzungen gelesen. Die erste deutsch geschriebene englische Grammatik erschien 1688. Der Import englischer Originalliteratur begann auf der Leipziger Herbmesse 1755. In der mittleren Aufklärungszeit wird aber der englisch-deutsch Sprachkontakt und englische Übersetzungen vor allem auf literarischem Gebiet vor großer Bedeutung. Schon in der direkt aus englischem Material übersetzten ersten Zeitschrift moralischer Art wirken englischer Prosarhytmus (Der Vernünftler) und englischer Satzbaustil im Kontrast zur ersten deutschen literarischen Zeitschrift, sehr befreiend und im Sinne von gefälliger Leichtigkeit. Die am meisten übersetzte Werke waren die von Addison, Pope, Swift, Defoe, Shakespeare u a.. Auffällig bei den Entlehnungen dieser Epoche war die breite Streuung der Sachgebiete, die eigentlich nichts auslässt. Schon damals wurden Wörter wie Club, Boxen, Trick und Song benutzt. (vgl. dazu Polenz, Sprachgeschichte 2,S104). Aufmerksamkeit auf Anglizismen im Deutschen ist seit Gottsched (1776) nachzuweisen und eine vorläufige Übersicht über die früheren Entlehnungen aus dem Englischen ist aus dem Herkunftsregister des DFWB (Da Deutsche Fremdwörterbuch) zu gewinnen.

Die erhebliche Verbesserung des englischen Unterrichts und Buchhandels in Deutschland in der zweiten Hälfte des 18. Jh. wird sehr deutlich in einer Äußerung von englischen Sprachlehrer Heinrich Christopher Albrecht. In seiner Äußerung weist er vor allem auf die geographische Lage Deutschlands und den kulturellen Fortschritt West- und Südeuropas hin.

„Deutschland ist, im Ganzen genommen, das sprachkundigste aller europäischen Länder. Weder der Franzose, noch der Engländer oder Italienär lernen so viele und vielerley Sprachen, als die der Deutsche jetzt schon zu den nothwendigen Kenntnissen eines Gelehrten zu fordern anfängt. Ist es Wahl aus Gründen, it es Nothwendigkeit, Mangel an eigenem Reichthum, der den Deutschen so zu fremden Quellen treibt? Oder was ist es?" (Polenz, Sprachgeschichte II, S.103)

Englisch verdrängte um 1900 das Französische, welche seit der Revolution und Napoleons Zeiten schon stark im Rückgang war. Zu Beginn des 19. Jahrhunderts kamen in deutschen Wortschatz neue Fachwörter von weiteren verschiedenen Gebieten des Lebens wie beispielsweise aus dem Bereich Sport (Derby, Finish, Spurt), aus dem wirtschaftlichen und politischen Bereich (Demonstration, Konzern, Streik usw.). Der englische Einfluss setzte sich im 20. Jahrhundert fort. Im Vergleich mit dem französischen Spracheinfluss fällt auf, dass nur weniger als die Hälfte der Entlehnungen zum lateinisch-griechischen Bildungswortschatz der humanistischen Tradition gehört. Jedenfalls gibt es hier schon einen beträchtlichen Anteil indigener englischer Wörter aus germanischen Wurzel (Stopper, Bowle…) oder aus dem subliterarisch unkenntlich gewordenen Anglonormannisch oder Latein (Toast, Park…), oder unklarer Herkunft (Pony), die sich um Dt. als unmotivierte oder nicht gelehrt motivierte Lexeme auswirken. Schon hier zeigt sich, dass zum englischen Spracheinfluss viele einsilbige, also für weitere Wortbildung vorteilhafte Wörter gehören. (Polenz, Sprachgeschichte II, S. 104).

In den zwanziger Jahren erholte man sich z. B. bei englisch-amerikanischen Tanzformen wie Foxtrott, Jimmy, Charleston und Swing. Diese hing mit dem gewachsenen wirtschaftlichen Einfluss der USA auf Europa zusammen.   Mit dem Ende des Zweiten Weltkriegs kam es zur einen Flut von englischsprachigen Entlehnungen, die einer neuen weltpolitischen Situation Rechnung trugen. Als außersprachlichen Gründen, kamen   in Betracht vor allem die

Besetzungen des westlichen Teils des damaligen deutschen Reichs durch die westlichen Staaten. Seit dem 20. Jahrhundert macht sich der Einfluss neuer Massenmedien bemerkbar (Rundfunk, Film, Fernsehen, Internet). Diese Erscheinungen ermöglichen eine viel schnellere Verbreitung von Fremdwörtern und Modewörtern, die vor allem Anglizismen vertreten. Der neue Wortschatz wird benutzt und dem Sprachsystem angepasst. Die englischen Entlehnungen treten oft in Konkurrenz mit den franz., wobei diese werden durch die engl. ersetzt: Mannequin durch Modell, Revue durch Show, Bonivant durch Playboy usw. Diese unaufhörbare Vordingen des Englischen können wir in allen Bereichen des menschlichen Lebens wahrzunehmen wie z.B.: Fachsprache, Pressesprache, Werbung, Massenmedien, Medizin, Politik aber heutzutage sind sie auch im Bereich der Jugendsprache und Umgangssprache bemerkbar. Es taucht hier eine Frage auf, ob die Identität der deutschen Sprache nicht verschwindet, da es bei vielen einer relativ unflektierten Veränderung deutsche Sprache gibt.

3.1. Anglizismen in einzelnen Bereichen des menschlichen Lebens

Englisch ist eine internationale Sprache, aus der viele andere Sprachen das überwiegende Teil des Wortschatzes in eigene Kultur übernehmen. Das betrifft alle Bereiche des Lebens und im Grunde kann man nur schwer einen Bereich des menschlichen Lebens finden, wo kein Anglizismus vorkommt. Die Sachgebiete der frühen engl. Entlehnungen sind wirklich sehr zerstreut, außer militärisches und höfisches, das ganz zurücktritt. Wie es im vorgehenden Kapitel erwähnt war, Englisch ist schon in fast allen Bereichen des menschlichen Lebens wahrzunehmen. Im Wirtschaft, Politik, Naturwissenschaften, Technik, Medizin, Philosophie, Literatur Kunst, Publizistik, Alltäglich - häusliches sind zahlreiche Anglizismen vertreten. Zu den Fachausdrücken aus der Schifffahrt (*Brise, Steward, Kutter...*) sind ganz frühe Lehnwörter wie *Boot, Dock* usw. hinzunehmen. Im Bereich der Psychologie und Soziologie: *Sensitivity- training, In-Group*. Politik und Wörter wie *Leader, Boss, Meeting, Summit, Slogan, Politische Korrektheit, Establischment* usw. Im Bereich der Ökonomie sind es Begriffe wie *Budget, Marketing, Management, Tender, Dumping* usw.
Technik und englische Begriffe *klicken, SMS, Computer, DVD, CD-Rom, enter, spam usw.* Begriffe aus der Bereich Kultur wie z. B.: *Show, VIP, Comeback, Bestseller usw. Sport und Anglizismen wie Koach, Team, Draft.*
Anglizismen sind aber vielmehr beliebtes und verbreitetes Phänomen in der Sprache der Jugendlichen und im Pressebereich.
In Bereich der Presse erfüllen sie verschiedene Funktionen. Zunächst werden sie in der Presse wie auch in der Gemeinsprache ohne Zweifel aus ökonomischen Gründen verwendet. Warum genau ökonomischen? Anglizismen dienen hier zur Variation des sprachliche nAusdrucks, weil ein Zeitungstext meistens bunt, aktuell, interessent sein soll. Englische Wörter zeichnen sich durch ihre Auffälligkeit, ihre Bildhaftigkeit, durch die Möglichkeit der Wortspielerei aus, und dienen der Ausdrucksverstärkung. Dadurch wird dem Text ein bestimmter Stil verliehen.
Die Jugendsprache als eine Varietät des Deutschen ist für die Anglizismen Forschung von großer Bedeutung, da Anglizismen gemeinhin als jugendsprachlich eingestufte Spezifika gelten. Solche englischen Wörter wie „*flirten, Sorry, Piercing, Looser, Feeling, Lollipop*" usw. kennt sicher jede Teenager. Die Jugendsprache wird als Sprechweise bzw. sprachliche

Muster und Merkmale bezeichnet, die unterschiedliche Gruppen von Jugendlichen zu verschiedenen Zeiten, in verschiedenen Altersstufen und unter verschiedenen Kommunikationsbedingungen verwenden werden. Ein Grund für solche unterschiedliche Kommunikationsart ist vor allem Abgrenzung von der Erwachsenenwelt. Die Jugendlichen wollen sich darüber selbst definieren. Nicht nur die Sprache, sondern auch Kleidung, „Look" und das Benehmen spielen eine wesentliche Rolle. Anglizismen erfüllen Kreativitäts- und Ausdrucksbedürfnisse der Jugendlichen und tragen zur Stärkung des Gruppenbewusstseins bei. Dienen hier als ein stilistisches Phänomen bestimmter sozialen Gruppe, namentlich Gruppe von Jugendlichen. Demonstriert in diesem Sinne ihre Anpassung wie auch eine Abgrenzung gegenüber gesellschaftlichen der Gruppennormen. Wer spricht englisch, ist cool. Anglizismus ist in diesem Sinne als ein Symbol des Prestiges.

Anglizismen können wir sowohl in der gesprochenen als auch in der geschriebenen Sprache beobachten. Über die drei Wortarten Substantiv, Adjektiv und Verbs hinaus, werden in der Jugendsprache u.a. Elemente wie Interjektionen und Gesprächspartikeln (*well, wow, shit, anyway,*), Anreden und Grüßformeln (*Yoh, Hi, Hey,Bye, Peace*) sowie Routinformeln und Slogans (*Good Stuff, No Joke!, So what? Here we are!* Usw.) entlehnt und tagtäglich gebraucht. Ein Unterschied von jugendsprachlichen Texten zu „gewöhnlichen" Pressetexten ist, dass hier die englischen Formeln in den laufenden Text eingebettet werden, z. B.: „I dont care ob es regnet oder nicht", „Nicht schlecht, but not good enough", „Ich werde es dann googeln". Für die internationalen Jugendkulturen dient Englisch auch als „Lingua Franca". Anglizismen werden von Jugendlichen also nicht nur aus „Prestige", sondern zur internationalen Verständigung verwendet. Sie können in dem Zusammenhang auch als „subkulturelle Internationalismen" bezeichnet werden.

Eine bedeutende Rolle spielten im englischen Spracheinfluss Lehnprägungen, die vor allem in der Übersetzungsliteratur seit Mitte des 18.Jh. der Wortentlehnung vorgezogen wurden, besonders um belletristischen Bereich, wobei englische Attributgruppen meist als Zusammensetzungen verdeutscht wurden. Lehnübersetzungen als *Blitzarbeiter* (lightning-conductor), *Pressefreiheit* (freedom of press), *Volkslied* (popular song) usw.. Dazu noch auch englische idiomatische Verbindungen sind als Lehnübersetzungen verdeutscht und üblich geworden: „*tote Sprachen* (dead languages)", „*zweites Gesicht* (second sight)", „*der Zahn der Zeit*" (the tooth of time) usw. Lehnbedeutungen: Im Bereich von Kunst und Literatur erhielt Held nach engl. Hero die Bedeutung. Im naturwissenschaftlich medizinischen Bereich erhielten „*impfen, Kreislauf, Nerv, Zelle* " vom Englischen her die modernen fachsprachlichen Bedeutungen. (Polenz, Sprachgeschichte 2, S.103)

3.2 Deutsch vs. Englisch: Unterschiede

Da sich die englische Grammatik von der deutschen unterscheidet, treten bei Anglizismen oft Unsicherheiten bzgl. der Regen bei der Beugung und des Wortgeschlechts auf (Neologismen). Bei Übersetzungen aus dem Englischen werden öfters formal entsprechende deutsche Wörter verwendet, auch wenn diese sonst nicht in derselben Bedeutung üblich sind, etwa Novelle für engl. novel ‚Roman'. Der Bedeutungswandel von Wörtern – der in jeder Sprache ein normaler Vorgang ist – wird durch diese stark an der Ausgangssprache orientierten Übersetzungen beschleunigt. Ohne Prüfung auf ein bekanntes deutsches Äquivalent können auch zunächst weitgehend unverständliche Neuschöpfungen entstehen. Durch Internationalisierung und Globalisierung der Gesellschaft und durch den technologischen und wissenschaftlichen Fortschritt sowie die damit einhergehende Festsetzung englischer Fachbegriffe als Norm ergibt sich einerseits eine Anpassung der deutschen Sprache an die neuen Lebensumstände, andererseits führt die Weltverkehrssprachenfunktion und die Rolle des Englischen als erste Fremdsprache dazu, dass sich der deutsche Sprachraum verstärkt des Englischen zum Entlehnen von Begriffen bedient. Einige Menschen empfinden diesen Wandel, der sich auch in der deutschen Sprachentwicklung niederschlägt, als störend und sehen darin Gefahren für die Fortschreibung und Festschreibung der deutschen Sprachkultur.

Das Entlehnen und Anpassen englischer Wörter stellt eine der aktuellen Entwicklungen in der deutschen Sprache dar. Im Rahmen dieser Entwicklung erhalten die Lehnwörter ein deutsches Gewand, beispielsweise grammatikalisches Geschlecht, Pluralendung und eine allgemein akzeptierte Bedeutung und einen Kontext.

Beispiele: *„Ich habe gedownloadet". „Ich habe dir gestern geemailt"*

Ein weiteres Phänomen ist die Verwendung englischer grammatischer Konstruktionen im Deutschen. Diese entstehen durch unprofessionelles Übersetzen englischer Texte, durch schlechte Filmsynchronisationen englischer oder US-amerikanischer Filme etc. Grammatische Strukturen der deutschen Sprache gehen verloren und werden durch englische Strukturen ersetzt. Möglich ist ein englischer Einfluss in der Orthographie bei den durch Apostroph abgetrennten Endungen mit -'s („Apostrophitis"), der vor allem bei Genitiven auftritt (Angela's Frittenbude), aber auch bei Pluralen, etwa LKW's. Eine ähnliche Normabweichung, nämlich die fälschliche Abtrennung des Plural-S, tritt auch im Englischen häufig auf und wird dort als greengrocers' apostrophe bezeichnet. Ein weiteres Beispiel ist die englische Pluralform von Substantiven, die auf -y enden: Auch in deutschen Texten kommen Hobbies und Babies (statt – korrekt angepasst – Hobbys und Babys) vor.

4. Pseudoanglizismen und falsche Freunde

Außer einem wahren Anglizismus kann man in dem Sprachgebrauch auch auf einen sog. Pseudoanglizismus stoßen. Pseudoanglizismen sind immer nur heimische deutsche Wörter, die aber mithilfe von typischen englischen Wortbildungsmethoden gebildet werden. Es können englische Lehnwörter, die aber von deutschen Sprecherinnen morphologisch verändert werden und so das der englischen Muttersprachler das nicht verstehen wird. Pseudo-Anglizismen bezeichnen also Wörter, die der englischen Sprache zu entstammen scheinen, dort jedoch in Wahrheit nicht existieren. Beispiele wären: Bowle (engl. punch), Smoking (engl. dinner-jacket).

In deutscher Sprache werden sie sehr oft mit sog. „falsche Freunde" ersetzt. Zum Beispiel das Substantiv „Handy" bezeichnet in der deutschen Sprache ein Telefon. Im englischen ist es etwas was bereits zur Hand steht. Oder das Adjektiv „fesch" ist ein Austriazismus und bezeichnet einen eleganten, modernen und geschickten Mann. Stamm aus englischen

„fashionable". Und genau in diesem Sinne sprechen wir über sog. Pseudoausleihungen bzw. Pseudoanglizismen. Das Gebiet der „falschen Freunde" gehört zum intersprachlichen Bereich der Sprachwissenschaft und ist ein Randbereich der Internationalismenforschung. Als 'falsche Freunde' bezeichnet man also solche Wortpaare in zwei Sprachen, die ähnlich buchstabiert werden oder sich ähnlich anhören, jedoch unterschiedliche Bedeutungen haben. Sind also ortographisch oder phonetisch ähnlich, haben aber unterschiedliche Bedeutungen. Terminus „falsche Freunde" ist eine Lehnübersetzung des französischen „faux amis" und als Lehnübersetzung oder ähnlicher Terminus in vielen europäischen Sprachen vorhanden.. Zum Beispiel, englisches „to realize" s.th. bedeutet sich über etwas klar werden, etwas bemerken und nicht: etwas realisieren oder deutsches Verb bekommen (im englischen bedeutet get sth.) vs. englisches Verb „become" (bedeutet „etwas werden"), oder engl. „to fasten" (festmachen) und deutsches Wort fasten (weniger essen). Ursache der Existenz von der „falschen Freunde" verweist wahrscheinlich auf den gemeinsamen Sprachursprung und die jeweils unterschiedliche Sprachentwicklung. Die unterschiedliche Entwicklung der deutschen und der englischen Sprache dürfte dann ein Grund für das Erscheinen von „falschen Freunde" sein.

So viel zur englischen Sprache , die Ursachen ihrer Entwicklung, ihr Einfluss und Integration ins Deutsche. In dem nachfolgenden Kapitel wird ihr Stellung bzw. Vorrangstellung in EU näher erörtert.

5. Englisch als „lingua franca" und Europäische Union

Die Zahl der englisch Sprechenden steigt von 50er Jahren des 20.Jh immer rasant an. (Krupa-Genzor 1996, S. 73) Englisch ist geographisch meist weltweit verbreitete Sprache und wird in jedem Weltteil gesprochen. Nach Schätzungen der Linguisten gilt Englisch als Muttersprache für mehr als 350 Millionen Menschen und fast eine Milliarde der Weltpopulation kann sich mittels Englisch problemlos verständigen. Das stellte ein Sechstel der Weltbevölkerung dar. Neun von zehn Kindern weltweit lernt heutzutage Englisch, nur die Hälfte lernt in der Schule Französisch, und nur ein Viertel von Studenten lernt Deutsch. In der Schweiz, wo vier Sprachen auf der Bundesebene als Amtssprachen festgeschrieben sind (Deutsch, Französisch, Italienisch, Rätoromanisch), gibt es immer mehr Menschen, deren Muttersprache keine der vier 'Schweizer Sprachen und Englisch gewinnt auch hier immer mehr an Bedeutung.

Da seitdem viele Länder der Europäischen Union beigetreten sind, ist auch die Zahl der Amts- und Arbeitssprachen auf 23 gestiegen. Es gibt jedoch weniger Amtssprachen als Mitgliedstaaten, da einige Länder dieselben Sprachen verwenden. So sind beispielsweise die Amtssprachen in Belgien Niederländisch, Französisch und Deutsch, und auf Zypern ist die Amtssprache Griechisch, das dort von der Mehrheit der Bevölkerung gesprochen wird. (http://ec.europa.eu/languages/languages-of-europe/eu-languages_de.htm) Sowieso scheint es aber viel zu sein. Da alle Anwesenden bei einer EU- Sitzung ihre eigene Sprache sprechen können und Unterlagen in ihrer eigenen Sprache vorliegen haben, ist eine zentrale Voraussetzung für die demokratische Legitimation der EU. Zahl der Übersetzer und Dolmetscher in EU ist der Anzahl der Amtssprachen angepasst. Aufgabe der EU-Dolmetscher und der EU-Übersetzer ist es dann, dafür zu sorgen, dass die Experten sich untereinander verstehen und dass die Dokumente in allen Amtssprachen der EU vorliegen. Da keine der EU-Länder will sich an die Muttersprache verzichten, müssen alle offiziellen Dokumente in allen Sprachen übersetzt werden. Aufgrund zeitlicher und finanzieller Einschränkungen werden jedoch nur relativ wenige Arbeitsunterlagen in alle Sprachen übersetzt. So verwendet die Europäische Kommission in der Regel Englisch, Französisch und Deutsch als Verfahrenssprachen, wohingegen das Europäische Parlament je nach Bedarf seiner Mitglieder Übersetzungen in verschiedenen Sprachen bereitstellt. Jedes Jahr werden zirka 1.324.000 A4 Seiten von Übersetzungen produziert, und die Kosten für die Übersetzung und Dolmetschen betrugen 13 % von Gesamtbudget. Für jede EU-Sprache fällt es 2000 Übersetzern und 80 Dolmetscher. Laut diesen Angaben könnte die Europäische Kommission als der größte Übersetzungsdienst der Welt angenommen werden. Deswegen ist es aus pragmatischen und finanziellen Gründen vor Ort, Englisch als eine universelle Sprache, als eine Sprache Nummer Eins in der EU annehmen. Das ist die einzige Sprache, die in alle Kontinenten gesprochen wird, das ist die Hauptverhandlungssprache. Das bedeutet aber überhaupt nicht, dass die europäischen Bürger keine anderen Fremdsprachen lernen sollen. Die Abgeordneten des europäischen Parlaments möchten durchsetzen, dass die Europäer außer ihrer Muttersprache noch zwei andere Sprachen beherrschen sollen. Lernen von zwei Sprachen ist die politische Priorität. Eine Sprache für das Begnügen und die andere für Geschäfts- und Fachkommunikation. Die sprachliche und kulturelle Vielfältigkeit stellt ein großer Konkurrenzvorteil. Die Tatsache, dass Englisch eine Sprache Nummer Eins ist, war in Wirklichkeit nur eine rationelle Lösung, eine populäre Sprache in EU als „lingua franca"[1] zu etablieren. Bei der gemeinsamen Sprache geht es also um eine Art „Euro" aber im Bereich der internationalen Kommunikation. Es ist doch eine gemeinsame Währung in der EU Staaten, und Englisch als „lingua franca" hat sich mehr oder weniger von sich aus auch als gemeinsame Sprache durchgesetzt. Am besten sieht es man bei der zwischenmenschlichen Kommunikation und Umgang zwischen europäischen Bürgern. Englisch besetzte in EU nicht nur die erste Stelle und verdrängte sehr erfolgreich alle anderen Weltsprachen aus der internationalen Kommunikation, sondern drängte sehr aggressiv auch in den heimischen Muttersprachen anderer Mitgliedsländer der EU. Und englische Wörter sind dann in den verschiedenen Bereichen zu finden. Computertechnologie, Internet, Bankwesen und Geschäftswesen, im Film, Medien, Sport usw.. So kann man sich überhaupt nicht wundern wenn die Menschen oder Sprachreinigungsgruppen Angst vor der Englischen haben und darin Gefahren für die Fortschreibung und Festschreibung der deutschen Sprachkultur sehen.

Das Problem der Weltsprache Englisch steht hier aber zur Debatte. Einerseits kostet es zu viel Geld die Tausende von Übersetzter und Dolmetscher in EU zu bezahlen, andererseits kostet es die Volkswirtschaften der anderen (darunter auch deutschsprachigen) Länder viel Geld Millionen von Schülern, Studenten, Volkshochschulbesuchern usw. beruflich brauchbares Englisch beizubringen, um nur das Nächstliegende zu nennen. In den anglophonen Ländern entstehen diese Kosten für öffentlichen Fremdspracheunterricht nur in sehr viel geringeren Umfang selbstverständlich nicht. Damit ist die Frage nach dem praktischen Wert der deutschen Sprache angesprochen. Denn Sprachen haben nicht nur Bildungswert, sondern

---

[1] (aus Wikipedia:freie Enzyklopedia: **Lingua franca** ist eine Verkehrssprache, die auf einzelnen Gebieten Menschen verschiedener Sprachgemeinschaften den Verkehr ermöglicht
(Handel,Diplomatie, Verwaltung, Wissenschaft)

ökonomischen Wert. Hier bleibt die Frage offen, was eigentliche die bessere Lösung wäre. (www.euroinfo.gov.sk/index/go.php?id=344).

6. Probleme die Englische auswerfen kann :

In der deutschen wissenschaftlichen Gemeinschaft spielt Englisch eine zentrale Rolle, obwohl die deutsche Sprache schon früher ein internationaler Standard darstellte. Heute publizieren viele Wissenschaftler ihre Werke in Englisch. „Nicht ganz ungefähr für die deutsche Sprache ist allerdings, dass es in einigen Wissenschaften üblich und man muss schon sagen modisch geworden ist, die Ergebnisse der Forschung nicht in der deutscher sondern in englischer Sprache zu veröffentlichen, so dass auch die Begriffe gleich in der englischen Terminologie gebildet werden, war für die sekundäre Publikation in deutscher Sprache zu der Übersetzungsfaulheit der Wissenschaftler geführt ."(Weinrich, 1983) . Den meisten Deutschen fällt es leichter, einen fremden Terminus zu verwenden, statt ein deutsches Äquivalent zu bilden. Es gibt heute sehr viele deutsche Zeitschriften, deren Publikationssprache das Englische ist.   Weinrich (1983) stellte fest, dass auch viele Studenten aus Deutschland in die USA zum Studium fahren, da Deutsch nicht mehr die internationale wissenschaftliche Sprache ist.   „...es ist aber im höchsten Grade wahrscheinlich, dass unsere Gesellschaft, wenn sie ihren zivilisatorischen Status und ihren Lebensstandard halten will, zu schnellem Wandel fähig und bereit sein muss." (Weinrich, 1983).   Dazu gehört auch eine große Flexibilität und Anpassungsfähigkeit der deutschen Sprache an neue Ausdrucks- und Verständigungsbedürfnisse, die sicher morgen anders ausfallen werden, als sie heute sind. Ob die deutsche Sprache diesen Zukunftsaufgaben gewachsen sein wird, entscheidet sich nämlich in den Fachsprachen.

Heutzutage sind es aber noch immer viele Gegner der entlehnten Wörter zu finden, vor allem Gegner der Anglizismen. Die von diesen Gegnern 'Purismus' genannte Sprachreinigungsbewegung hat sich in Deutschland - wie in anderen Ländern - immer im Zusammenhang mit einer politischen Aktivierung des Nationalgefühls zu Höhepunkten gesteigert: nach dem Dreißigjährigen Krieg, nach dem Niedergang der Napoleonischen Herrschaft, nach der Reichsgründung von 1871 und beim Ausbruch des l. Weltkrieges. In Deutschland wurde dieser Kampf gegen den fremdsprachlichen Einfluss besonders heftig geführt, da die sprachsoziologische Entwicklung des Deutschen vom Mittelalter her bis ins 18. Jahrhundert von der kulturellen Vorherrschaft des Lateins und des Französischen belastet war. Im 19. Jahrhundert kam in Deutschland zur nationalen Motivierung der Sprachreinigung noch ein kleinbürgerlich-demokratisches Unbehagen am akademischen Fremdwortstil hinzu, in dem man Bildungsprivilegien vermutete. Der 1885 gegründete Allgemeine Deutsche Sprachverein begann seine Arbeit in diesem zweifachen Sinne mit der Fremdwortverdeutschung. Er hat in der Zeit um die Jahrhundertwende viel praktische Arbeit geleistet und beachtliche Erfolge gehabt in der Verdeutschung vieler 'Fremdwörter' im Sachwortschatz des öffentlichen Lebens.

In manchen Fällen haben die Puristen Recht. In manchen doch nicht. Wie bereits beschrieben stellt sich der Purismus ein klares Ziel: Fremdwörter sollen aus der Sprache verschwinden. Doch was tun, wenn es sich in der Sprache kein Synonym für das entlehnte Wort findet? Die Puristen der vergangenen Jahrhunderte versuchte sich einfach die nicht existierenden Wörter auszudenken, doch das klang meistens sehr unnatürlich. (Zum Beispiel hat man vorgeschlagen anstatt "Natur" die Zeugenmutter aller Dinge zu verwenden).Natürlich hat sich die Wendung in der deutschen Sprache nie eingelebt!

7. „Wer hat Angst von Englisch?"

Über 100 Millionen Menschen in der Welt sprechen Deutsch. Von den mindestens 50 Millionen Menschen anderer Muttersprache (nicht deutsche), die das Deutsche als Fremdsprache gelernt haben, leben heute wenigstens die Hälfte in den Mittel-Ost europäischen Ländern (weiter nur MOE) und den Staaten der GUS (Gemeinschaft unabhängiger Staaten). Weitere Länder bzw. Regionen, in denen Deutschkenntnisse relativ verbreitet sind, sind die nordische Länder, die Niederlande und einige westafrikanische Staaten. Von den etwa 20 Millionen deutschlernenden Oberschulen leben fast zwei Drittel in den Staaten der GUS und knapp ein weiteres Zehntel, also etwa 2 Millionen, in den MOE – Länder. Das vorhandene und zukünftige Potential an Deutschsprechenden ist dort absolut und relativ größer als in allen anderen Regionen der Welt. (Glück, Gegenwartsdeutsch,1997). „Die Nachfrage nach deutscher Sprachausbildung ist sprunghaft gestiegen (S.2)" so heißt es in Bericht der Bundesregierung in Bereichen Bildung, Wissenschaft und Kultur vom Herbst 1993. Dasselbe gilt für die Nachfrage nach deutschen Lehrbüchern, nach Deutschlehrern, Studienplätzen für Germanistik und Stipendien. Es ist ein Versuch, einen genauen Überblick über die weltweite Nachfrage nach Deutschkenntnissen zu gewinnen.

Es taucht ja nun die Frage danach, ob der Angst der Deutschen vor dem Englischen berechtigt ist und ob der deutsche Wortschatz heutzutage viel zu verfremdet durch Einfluss das Englische ist? Obwohl die Anwesenheit und Vordringen des Englischen in der deutschen Sprache einen großen Einfluss auf das deutsche Grundwortgut übte, bleibt die Syntax, Grammatik und die Aussprache völlig unberührt. Mehrheit von europäischen Sprachen (inkl. deutsche Sprache), ist so fest an die Regeln gebunden, dass sie sich nicht nur so einfach verändern oder zerfallen lassen. Alle Sprachen verfügen über eigene grammatischen Systemen, Wörterbücher, Archiven, Bibliotheken, linguistische Fakultäten. Sie haben langjährig publizierte Literatur, werden im Administrative, Medien, Schulwesen, Rechtswesen und auch bei den Parlamentsdebatten verwendet. Was aber das wichtigste ist, die einzelne Sprachen durch das Grundgesetz des Staats geschützt werden. Daraus ergibt sich, dass es nicht so einfach ist, einzelne Sprachen durch Englische zu marginalisieren. Im Gleichgewicht mit der Nationalsprache existiert die englische Sprache (sog. Diglossie[2]).

Das gilt aber nur dann, wenn der Staat seine Sprache bewährt und die Bürger dem Englischen nichts erlauben, völlig ins Deutsche vorzudringen. Deswegen ist es nicht richtig, Europäische Union dafür zu beschuldigen, dass Englisch dort als „lingua franca" gilt und alle anderen Sprachen in den Hintergrund gedrängt hat. So ist es vor allem aus den pragmatischen und finanziellen Gründen. Obwohl in Zeiten, in denen Bemühungen unternommen wurden, Deutsch als vierte Amtssprache in der EU wirklich anzuerkennen, könnte die zunehmende Anglisierung kontraproduktiv sein. Sie schränkt die Schönheit und den Reichtum der

---

[2] (Aus Wikipedia frei Enzyklopedia:Ist eine besondere Form der Zweisprachigkeit: Sie beschreibt die Zweisprachigkeit einer ganzen Gesellschaft, bei der es eine klare funktionale Differenzierung zwischen zwei eng verwandten Sprachvarietäten gibt. Insbesondere wird so die Koexistenz von Dialekt und Standardsprache oder von gesprochener Volkssprache zu geschriebener Hochsprache bezeichnet)

deutschen Sprache ein, wirkt manchmal auch lächerlich und macht Texte nicht verständlicher. Deshalb bedroht sie völlig die deutsche Sprache.

Die Förderung der deutschen Sprache nicht nur zu Hause, sondern auch im Ausland ist und bleibt auch eine der wichtigsten Aufgaben der deutschen auswärtigen Kulturpolitik. Deutschkenntnissen ermöglichen den Zugang zu „deutscher Wissenschaft, Kultur und Bildung und erleichterten die Pflege wirtschaftlicher Beziehungen und den Wissens- und Technologietransfer". Um diese Politik zu verwirklichen braucht man qualifiziertes Personal. Und wenn die Deutschen selbst ihre Sprache reinigen möchten, Anglizismen in der deutschen Sprache nicht mehr benutzen wollen und dem rasanten Durchdringen des Englischen halt machen, liegt das alles nur in den Menschen selbst.

7.1 Was wird gegen Amerikanisierung der Wortschatz unternommen?

Problem ist, was schon im Kapitel 6. angedeutet war, dass in vielen wissenschaftlichen Disziplinen das Deutsche als Publikation, Kongress- und Arbeitssprache an Boden verliert, weil als die Weltsprache Englisch sich durchgesetzt hat. Die Anglizismen bilden heutzutage wirklich einen undenkbaren Bestandteil der deutschen Sprache. In ihrer Verwendung spielt eine sehr wichtige Rolle auch der deutschen Magazin „Spiegel" dessen sprachliche Besonderheit vor allem darin vesteht, völlig den amerikansichen Magazin „Time" nachzuahmen. Es fragt sich in diesem Sinne, ob dieses Vordringen des Englischen eine unabänderliche Entwicklung darstellt. Es kommen in den deutschsprachigen Ländern natürlich Ängste und Befürchtungen vor, ob das Vordringen des Englischen gefährlich ist und wie eine fremde Sprache die eigene Sprach- und Kulturidentität des Landes und der Menschen gefährdet. Ob die Identität beibehalten bleibt? Ob die Deutschen nicht nur bloß durch die englisches „drive" (engl. bedeutet Angriff oder Schwung) überwalzt werden? Eine Sache ist über Englisch als über eine „lingua franca" zu sprechen, sie als eine internationale Geschäfts- und Verhandlungssprache zu benennen, die zur Vereinfachung der internationalen Kommunikation dient. Andere Sache ist aber, dass Englisch die erste Stelle nicht nur in EU besetzte, sondern sie verdrängte sehr erfolgreich alle anderen Weltsprachen aus der internationalen Kommunikation und drängte sehr aggressiv auch in den heimischen Muttersprachen anderer Mitgliedsländer der EU. Und wie es schon oben erwähnt war, englische Wörter sind dann in den verschiedenen Bereichen zu finden. Computertechnologie, Internet, Bankwesen und Geschäftswesen, im Film, Medien, Sport usw. So kann man sich überhaupt nicht wundern wenn die Menschen oder Sprachreinigungsgruppen Angst vor der Englischen haben und darin Gefahren für die Fortschreibung und Festschreibung der deutschen Sprachkultur sehen. Sprache ist ein kulturelles Phänomen, in jeder Nation eine Sprache gibt. Zugehörigkeit der Menschen zu ihrer Nation zeigt sich auch in Beziehung zur Muttersprache.

Aus diesem und noch aus anderen, Sprache schützenden Gründen waren in Deutschland mehrere Vereine gegründet, um die deutsche Sprache vor der Anglisierung zu bewähren. Neben den oben schon erwähnten Puristen sind die wichtigsten, größten und bekanntesten Organisationen für Verwirklichung der deutschen auswärtigen Kultur und Sprachpolitik sind „Pflege der deutschen Sprache im Ausland und zur internationalen kulturellen Zusammenarbeit", „der Deutsche Akademische Austauschdienst", „die

Zentralstelle für das Auslandsschulwesen" und noch „Verein der deutschen Sprache". Auch das Goethe- Institut in den südeuropäischen Krisenländern und in Osteuropa hilft dazu, dass das Interesse von jungen Menschen, Deutsch zu lernen in den letzten Jahren sprunghaft gestiegen hat. Doch es gibt noch viele weitere Behörden, Institutionen und Verbände, die hier, in diesem Bereich, aktiv sind.

Genau der Verein der deutschen Sprache, ein weltweites Netz der deutschen Sprache, organisierte jährlich Konferenzen zum Thema „Beibehaltung und Reinigung der deutschen Sprache". Letztes Mal, im Jahr 2011, fand die Konferenz statt zum Zweck Deutsch als Universitätssprache zu fördern und auch international zu etablieren. Die Rektoren hatten Ende November gefordert, in Forschung und Lehre nicht nur auf Englisch als „Lingua franca" zu setzen. Die einzelnen Wissenschaftler wollen hier Impulse zu einer Stärkung von Deutsch als Wissenschaftssprache setzen. Der VDS gehört mit seinen über 16.000 ausländischen Mitgliedern in über 100 Ländern zu den internationalsten Vereinen auf der ganzen Welt. (www.vds-ev.de/)

" Wir schätzen unsere deutsche Muttersprache, die „Orgel unter den Sprachen", wie Jean Paul [3] sie nannte.

VDS war im Jahr 1997 gegründet um die deutsche Sprache vor dem Verdrängen durch das Englische zu bewähren und vor allem die deutsche Sprache als Kultur- und Wissenschaft Sprache zu erhalten und weiterentwickeln. Mitglieder der VDS wollen gegen der Anglisierung der deutschen Sprache entgegentreten, wollen die Deutschen an den Wert und Schönheit ihrer Muttersprache zu erinnern. VDS und seine Mitglieder sind der Meinung, dass Fremdwörter – auch Anglizismen- sind Bestandteil des deutschen Wortschatzes, darin besteht keinerlei Zweifel. Und gegen die Wörter „fair, Interview, Trainer, Doping, Slang" haben Sie auch keine Vorbehalte. Lehnen aber solche Prahlwörter mit welche gewöhnliche Dinge zur großartigen Sache hochgejubelt werden wie „event, highlight, shooting star, outfit" völlig ab. (http://www.vds-ev.de/verein)

Die Sprachfähigkeit, neue deutsche Wörter zu erfinden, um neue Dinge zu bezeichnen, darf nicht verloren gehen. Ein besonderes Merkmal von VDS ist seine Regionalvertretung. Die Mitglieder kommen aus allen Bevölkerungsgruppen und Schichten in Deutschland und auch im Ausland. (zurzeit 110 Länder). VDS ist eine bunte, große und wachsende Bürgerbewegung mit derzeit 35.000 Menschen aus nahezu allen Ländern, Kulturen, Parteien, Altersgruppen und Berufen. Allein ein Drittel davon sind Freunde der deutschen Sprache aus Asien oder Afrika. VDS-Gruppen in zahlreichen Städten und Gemeinden in Deutschland und im Ausland.

Innerhalb des Vereins werden mehrere Sachen unternommen, um das starke Vordringen des Englischen zu mindern. Durch Informationsstände in Fußgängerzonen, Unterschriftensammlungen, Vorträge und Podiumsdiskussionen, Anzeigen und Pressebeiträge, Erarbeitung von Übersetzungshilfen und ähnliche Maßnahmen versuchen die VDS- Vertreter, „die deutsche Sprache als eigenständige Kultursprache zu erhalten und zu fördern" Hauptziel des VDS ist es, dass die deutsche Sprache wieder an Ansehen gewinnt und VDS-Vertreter haben am 2. Samstag im September den „Tag der deutschen Sprache" als

---

[3] (aus Wikipedia der freien Enzyklopädie: Jean Paul war eindeutscher Schriftsteller. Er steht literarisch gesehen zwischen Klassik und Romantik.)

Feiertag für unsere Muttersprache eingerichtet. Der Verein wird auch von den manchen Politikern unterstützt, sie sprechen sich auch für die Reinigung der deutschen Sprache aus. Aus der Politolinguistik[4] ist bereits bekannt, dass das wichtigste Werkzeug in der Politik die Sprache ist, als Instrument, mit dem die Meinungen artikuliert und verbreitet werden, mit dem politische und den Willen des Volkes repräsentierende Entscheidungen getroffen werden. Die Sprache der Politik ist jedoch auch eine Sprache der Beeinflussung. Nicht zu verleugnen ist die durch Sprache ermöglichte Manipulation der öffentlichen Meinung, sowie die Beeinflussung des Handelns der Menschen. Sehr wichtig ist die Art und Weise, wie sich die Politiker zu diesem Thema stellen, wer anders, wenn nicht die Politiker können die Menschen über die Gefahr das die Englische für die Fortschreibung der deutschen Sprachkultur darstellte, informieren und damit mit der Meinung der Öffentlichkeit manipulieren.

Der Vizepräsident des Bundestages, Eduard Oswald (CSU), kritisierte am Tag der Deutschen Einheit die zunehmenden Anglizismen in deutscher Sprache:

„Lasst uns wieder Ereignis statt Event sagen. Stellungnahme statt Statement. Hausmeister statt Facility-Manager". Oder „Warum soll in deutschsprachigen Gebrauchsanweisungen nicht ‚Rechner' statt ‚Computer', ‚Luftkissen' statt ‚Airbag', ‚Programm' statt ‚Software' stehen?"

Wolfgang Gerhard, Fraktionsvorsitzender der FDP sagte für die Welt am Sonntag vom 11.02.2001 : *„Die Flut von Anglizismen, die aus den Medien, aus der Werbung, aus Produktbeschrei-bungen und aus dem technikgestützten Paralleluniversum auf uns niedergeht, ist eine Gewalt, die nicht vom Volke ausgeht. Sie wird ihm aufgepfropft."*

Ein gutes Beispiel, dafür das die Mühe der VDS nicht vergeblich ist, lässt sich aufgrund des freundlichen Hinweises eines VDS-Mitglieds beweisen, es steht an einem Düsseldorfer Bürokomplex nun nicht mehr „Global Gate" – „offices to let – be part of success" sondern „Das Tor zur Welt - Büroräume zu vermieten".

Oder wenn die Firma May & Edlich aus Leipzig warb bis vor kurzem für Oberhemden und Pullis in ihren Verkaufsblättern mit der Überschrift „Buy one - get one free". Nachdem ein VDS-Mitglied der Firma eine kritische Nachricht geschrieben hatte, stand in der nächsten Ausgabe Eins kaufen - eins gratis.

Es wird viel unternommen, um die deutsche Sprache zu bewähren, sehr viel Einfluss auf die Verwendung oder nicht Verwendung von Anglizismen üben die verschiedene Vereine, Gruppierungen, Politikern. Wer soll ja der größte Hüter der deutschen Sprache sein, wenn nicht der Staat und seine politischen Akteure? Wichtig ist aber auch dessen bewusst zu sein, dass das unaufhörbare Vordringen des Anglizismen hängt von den Menschen selbst ab. Je mehr man die Fremd- und entlehnte Wörter benutzt, desto mehr werden sie verbreitet. Desto mehr werden diese üblich geworden und in der täglichen Kommunikation eingereiht. Bis sie nicht ein vollwertiger Bestandteil des deutschen Wortschatzes werden.

---

[4] (Politolinguistik ist eine sprachwissenschaftliche Disziplin, die sich mit der wissenschaftlichen Untersuchung und Kritik der politischen Kommunikation beschäftigt vgl. http://de.wikipedia.org/wiki/Politolinguistik)

Zusammenfassung:

Die These der Überfremdung des deutschen Wortschatzes durch angloamerikanisches Wortgut erfreut sich ungebrochener Beliebtheit und erlebte seit 20. Jahrhunderts einen großen „Boom". Nachdem der deutsche Wortschatz im 17. Und 18. Jahrhundert insbesondere durch Entlehnungen auf Latein, Französisch und Italienisch bereichert worden war, traten heutzutage Entlehnungen aus dem Englischen. Diese unaufhörbare Vordingen des Englischen können wir in allen Bereichen des menschlichen Lebens wahrzunehmen. Und manche Leute finden das „cool". Andere - die Mehrheit der Menschen in Deutschland - ärgern sich über die überflüssigen englischen Brocken und sehen darin eine verächtliche Behandlung der deutschen Sprache. Englisch verfügt über einen breiten Wortschatz (Oxford English Dictionary – Wörterbuch umfasst 500 000 Wörtern und das alles nur ohne Fachtermini), man kann sich in Englisch sehr einfach und bündig ausdrücken. Bei Englisch braucht man kein Geschlecht oder Kasus zu verwenden, und die Rechtschreibung ist auch sehr klar (ohne Ausnahmen), die Aussprache ist auch problemlos (abgesehen wieder von ein paar Ausnahmen). Es ist sehr einfach, sich das Englisch anzueignen und dann in der praktischen Kommunikation zu benutzen, zugleich ist es aber eine Sprache, die viel zu reich ist, die abstrakten und poetischen Nuancen auszudrücken. Im Rahmen der Entwicklung und Vordringen des Englischen ins Deutsche erhalten die Lehnwörter ein deutsches Gewand, beispielsweise grammatikalisches Geschlecht, Pluralendung und eine allgemein akzeptierte Bedeutung und einen Kontext. Nicht alle Deutschen wollen sie anzunehmen und könnte man sagen, dass sie eine Art Angst haben, englische Wörter in dem deutschen Wortschatz zu implementieren. Grund dafür ist die nationale Empfindlichkeit. Grammatische Strukturen der deutschen Sprache gehen verloren und werden durch englische Strukturen ersetzt. Die Deutschen lieben ihre Sprache und sind auch sehr sprachempfindlich auf sie. Das was das starke englische Vordringen verhindern kann, sind die Menschen, da sie geradezu verpflichtet sind, Hüter der deutschen Sprache zu sein. Es geht darum, die deutsche kulturelle Tradition zu bewahren und die Bildungschancen für Kinder zu verstärken. Heute sehen viele Leute die Gefahr einer Nivellierung der Kulturen im weltweiten Maßstab. Das zeigt sich vor allem an dem täglichen Umgang mit Sprache: es wird von ‚shops' und ‚centers', von ‚fast food' und ‚lifestyle', von ‚websites' und ‚notebooks' und ‚high tech' usw. gesprochen. Wörter wie "Leibwächter", "Karte", "Fahrrad", "Nachrichten" oder "Weihnachten" werden durch *body guard, card, bike, news* oder *Christmas* ersetzt . Die deutsche Sprache wird von einer Unmenge von Anglizismen durchsetzt. Wer also etwas für diese Sprache tun möchte, der muss es beim Sprechen und nicht bei der Rechtschreibung tun, der muss dafür sorgen, dass deutsche Sprache lebendig und kräftig bleibt und dass Deutschen endlich der Tatsache Widerstand entgegensetzten, dass alles, was insbesondere in der Werbung als besonders originell gelten will, mit irgendwelchen Anglizismen daherkommt. Die Puristen haben schon ein klares Ziel vor sich: Fremdwörter sollen aus der Sprache verschwinden. Aus diesen und ähnlichen, die Sprache schützenden Gründen waren in Deutschland mehrere auch Vereine gegründet. Wichtig ist aber, dass die Deutschen sich immer wieder dessen bewusst machen müssen: Sprache ist Kultur, Sprache ist Identität, eigene Sprache ist Heimat. Markus Söder (CSU) drückte die Wichtigkeit der Beibehaltung der deutschen Sprache sehr treffend aus: „Wir brauchen ein klares Bekenntnis zur deutschen

Sprache. Deutsch ist die gemeinsame Grundlage für das Leben in unserem Land. Eine Verfassungsänderung wäre ein sichtbares Signal, dass die deutsche Sprache oberstes Ziel aller Integrationsbemühungen sein muss." (BILD, 29.11.2010.)

X. Literaturverzeichnis

Busse, Ulrich: Anglizismen im Duden: Eine Untersuchung zur Darstellung englischen Wortguts in den Ausgaben des Rechtschreibdudens von 1880-1986, Tübingen,1994

Carstensen, Broder /Busse, Ulrich: Anglizismen – Wörterbuch A-E, Band 1, Walter de Gruyter, 2001

Csaba Földes: Deutsch und Englisch. Ein Sprachnotstand? Befunde und Anmerkungen. In: Rudolf Hoberg (Hrsg.): Deutsch – Englisch – Europäisch. Impulse für eine neue Sprachpolitik. Dudenverlag Mannheim 2002

Dieter E. Zimmer: Die Wortlupe. Beobachtungen am Deutsch der Gegenwart. Hoffmann und Campe, Hamburg 2006, Seite 49, Artikel: Denglisch.

DUDEN, Band 10: Bedeutungswörterbuch, Hrsg. u. Bearb. v. Wolfgang Müller u. a., . 3. Auflage, Mannheim: Bibliographisches Institut, Januar 2002, 1103 S., Gewicht: 1060 g, ISBN: 3-411-04103-X Glück, Helmut/Sauer ,Werner Wolfgang: Gegenwartdeutsch, 2.Auflage,J.B.Metzler Verlag, 1997

Krupa-Genzor: Jazyky sveta v priestore a case, Vydavateľstvo VEDA 1996

Polenz, Peter von: Deutsche Sprachgeschichte vom Spätmittelalter bis zu Gegenwart. Bd.2, 17. und 18. Jahrhudert, Berlin; New York:de Gruyter, 1994

Polenz, Peter von : Geschichte der deutschen Sprache: erweiterte Neubearbeitung der früheren Darstellung von Hans Sperber, 9. Überarbeitete Auflage, Berlin; New York: de Gruyter, 1978

Weinrich, Harald: Die Zukunft der deutschen Sprache. In: Die deutsche Sprache der Gegenwart: Vorträge gehalten auf det Tagung der Joachim-Jungius-Gesellschaft der Wissenschaften Hamburg am 4. Und 5. November 1983, Vandenhoeck und Ruprecht,

Yang; Wenliang: Anglizismen im Deutschen: am Beispiel des Nachrichtenmagazins Der Spiegel, Tübingen 1990Göttingen 1983

Internetquellen:

http://ec.europa.eu/languages/languages-of-europe/eu-languages_de.htm 17.12.2012

http://www.vds-ev.de/) 17.12.2012

http://www.euroinfo.gov.sk/index/go.php?id=344 4.1.2013

http://de.wikipedia.org/wiki/Diglossie 10.1.2013

http://de.wikipedia.org/wiki/Denglisch 10.1.2013

http://de.wikipedia.org/wiki/Jean_Paul 10.1.2013

http://de.wikipedia.org/wiki/Politolinguistik 10.1.2013

http://de.wikipedia.org/wiki/Verkehrssprache 10.1.2013